# THIS BOOK BELONGS TO

## SCHOOL

## CLASS / YEAR

# MEMORIES

MESSAGE

**MESSAGE**

NAME

MESSAGE

MESSAGE

**MESSAGE**

MESSAGE

**NAME**

**MESSAGE**

MESSAGE

MESSAGE

# MEMORIES

MESSAGE

MESSAGE

MESSAGE

**MESSAGE**

**NAME**

**MESSAGE**

MESSAGE

MESSAGE

NAME

MESSAGE

MESSAGE

**NAME**

**MESSAGE**

MESSAGE

NAME

MESSAGE

NAME

MESSAGE

MESSAGE

MESSAGE

NAME

MESSAGE

MESSAGE

MESSAGE

# MEMORIES

NAME

MESSAGE

MESSAGE

NAME

MESSAGE

NAME

MESSAGE

MESSAGE

MESSAGE

NAME

MESSAGE

MESSAGE

**NAME**

**MESSAGE**

# MEMORIES

**NAME**

**MESSAGE**

**NAME**

**MESSAGE**

MESSAGE

MESSAGE

MESSAGE

MESSAGE

MESSAGE

**NAME**

**MESSAGE**

**NAME**

**MESSAGE**

# MEMORIES

NAME

MESSAGE

**NAME**

**MESSAGE**

MESSAGE

MESSAGE

NAME

MESSAGE

MESSAGE

NAME

MESSAGE

NAME

MESSAGE

MESSAGE

# MEMORIES

MESSAGE

**NAME**

**MESSAGE**

NAME

MESSAGE

MESSAGE

**NAME**

**MESSAGE**

MESSAGE

MESSAGE

**MESSAGE**

MESSAGE

# MEMORIES

MESSAGE

**MESSAGE**

MESSAGE

**NAME**

**MESSAGE**

NAME

MESSAGE

MESSAGE

MESSAGE

**MESSAGE**

MESSAGE

# MEMORIES

MESSAGE

MESSAGE

MESSAGE

**MESSAGE**

MESSAGE

**NAME**

**MESSAGE**

MESSAGE

MESSAGE

MESSAGE

# MEMORIES

MESSAGE

MESSAGE

MESSAGE

MESSAGE

MESSAGE

MESSAGE

NAME

MESSAGE

MESSAGE

MESSAGE

Printed in Great Britain
by Amazon

82782590R00059